¿Dónde e

Lisa Trumbauer

Puedes encontrar una rana
en una hoja de nenúfar

o en lo alto de un árbol.

Puedes encontrar una rana
debajo de un hongo

o detrás de una hoja.

Puedes encontrar una rana
dentro de una flor

o encima de una rama.

¡Tantos lugares dónde encontrar una rana!